IDÉES SUR L'OPÉRA,

AVEC

Un projet d'Etablissement d'une véritable ACADÉMIE DE MUSIQUE, *qui auroit la direction de* L'OPÉRA *&* *de* L'OPÉRA COMIQUE :

PROJET

SUIVANT *le quel les* AUTEURS *seroient mieux récompensés & les principaux* ACTEURS *encouragés, en les faisant partager aux profits.*

1764.

IDÉES
SUR
L'OPÉRA,

Avec un projet d'Etabliſſement d'une véritable Académie de Muſique, qui auroit la direction de l'Opéra & de l'Opéra Comique : Projet ſuivant lequel les Auteurs ſeroient mieux récompenſés, & les principaux Acteurs encouragés, en les faiſant partager aux profits.

L'Opéra eſt le plus beau de nos Spectacles ; il doit ſa naiſſance à Louis XIV ; il ſe ſent de ſa grandeur, par la pompe & la magnificence ; il eſt le Spectacle des grands ; il eſt l'image naturel des fêtes qu'un Prince donne à ſa Cour. Il réunit la Poéſie, la Muſique, la Danſe, la Peinture & la Méchanique. Pour s'y plaire il faut avoir du goût pour tous ces Arts ; l'homme ordinaire en ſort ſurpris & étonné ſans y avoir rien compris, fatigué, ennuyé quelquefois de n'avoir que vû; l'homme instruit, au contraire, préfére ce Spectacle à tous les autres: il y trouve plus d'Arts réunis, par conséquent plus de talens à admirer.

DU POEME.

TOut Opéra doit être plein d'action & d'événemens, chaque acte doit être animé, intéressant, & terminé par une fête amenée naturellement. Comme le chant retarde l'action, elle y doit être plus vive. Les Acteurs à ce Spectacle doivent dire beaucoup & en peu de mots plus agir que parler.

Les monologues doivent y être rares & très-courts: on doit suprimer entiérement les monologues anciens si pleins d'esprit, & si vuides d'action, où l'Acteur s'occupe à réfléchir au lieu d'agir.

Tout à l'Opéra doit se passer devant le Spectateur. L'Auteur n'est assujetti ni à l'unité de tems, ni à l'unité de lieu: rien par conséquent ne l'empêche de nous faire tout voir, sauf à lui à n'amener que des actions qui méritent d'être vues, toujours nobles & merveilleuſes, dignes d'un grand Théâtre ; propres à en faire jouer toutes les machines, & capables d'émouvoir, d'attendrir, ou d'étonner le Spectateur.

J'entends tous les jours plaiſanter ſur les Poëmes des Opéra. Que l'on réfléchiſſe de quel génie, de quelle imagination on doit être doué pour ſe faire un ſujet plein d'action & d'événemens, toujours intéreſſant & qui offre de grands tableaux ; de quelle ſoupleſſe dans l'Art d'écrire pour employer beaucoup de penſées ſimples & naturelles, qui preſſent l'action, & ſoient rendues en peu de mots, tous ſonores & arrangés en vers harmoniques & cadencés.

Que l'on liſe *Quinault*, quel génie lui eſt comparable en invention, quel Peintre a mieux perſonifié les paſſions, quelle élégance, quelle douceur dans la verſification ? où en trouver une plus mélodieuſe & mieux cadencée ? Où ſont les Poëmes comparables à ceux d'*Armide de Théſée*, de d'*Alceſte*, aux quatre premiers actes de *Roland* ? Où trouver un plus parfait modéle de la jeune & belle nature encore dans l'innocence, qui commence à être animée par l'amour, que dans les rôles d'*Atis* & *de Sangar.de* ? Les Poëmes de *Dan-*

chet, quoique peu intéreſſans, ſont bien écrits. *De la Mothe* a fait *Alcione* & *Iſſé*, Opéra que Quinault n'auroit pas déſavoués ainſi que *Jephté* de l'Abbé *Pellegrin*, *Dardanus*, de *de la Bruyére*, & *Caſtor & Pollux* de *M. Bernard*? (*a*) Combien de jolis ballets d'une imagination riante, &c? Pourquoi juger de nos Opéra par ceux qui ſont tombés? Jugé-je des piéces que l'on donne aux François par celles que l'on a rejettées du répertoire!

(*a*) *J'aurois preſque nommé la mort d'Hercule.*

LA MUSIQUE.

LA Muſique eſt l'art de peindre par les ſons, tantôt les affections de l'ame, comme la joie, la triſteſſe, le plaiſir, la douleur, la valeur, la timidité, l'amour, la fureur, &c. Tantôt ce qui ſe paſſe au dehors de nous, comme le bruit des combats, des flots agités, des tonnerres, & des tempêtes; le chant des oiſeaux, le frémiſſement des feuilles au ſouffle du Zéphir, &c.

Les régles générales auxquelles la Poésie & la Peinture sont assujetties, sont aussi celles de la Musique ; il n'y a que le procédé qui différe. Le génie & l'imagination font le grand Poëte comme le grand Musicien : toute Musique doit faire image, elle doit être ordonnée & nuancée comme un tableau, elle doit toujours tendre à exprimer la nature, & elle doit varier ses sons suivant les sujets. Nous distinguons dans la Musique de nos Opéra les symphonies & le chant.

Les symphonies proprement dites, sont les ouvertures, les airs de ballet, & autres morceaux, où l'Orchestre n'est point employé comme accompagnement. Toute symphonie qui ne peut rien, qui ne fait point tableau, est mauvaise, ou ce n'est pour lors qu'un bruit qui peut être agréable il est vrai : mais il y aura autant de distance de ce bruit à la Musique, qu'il y en a d'un beau vernis à un tableau. Les airs de Ballet comme les autres doivent être pittoresques. Que l'on y fasse attention, dans les Opéra du grand, du sublime *Rameau*, point d'air de Ballet qui n'ait une nuance du sujet, qui ne soit fait pour le lieu où il est placé, qui n'ait une teinte du caractére, du rang, de la condition baſſe ou élevée de celui qui doit le danſer (*b*).

Le récitatif ſimple eſt admirable dans nos anciens Opéra, les Muſiciens modernes n'y trouvent rien à changer, trop heureux quand ils peuvent l'égaler. Malheureuſement il eſt mal rendu par preſque tous nos Chanteurs & Chanteuſes. Tantôt ils le crient, vous voyez leurs muſcles ſe roidir, leurs veines ſe gonfler, leur viſage ſe bouffir, par les rudes efforts qu'ils font, ou pour faire ſortir leur voix, ou pour l'enfler. Tantôt ils le traînent & le rendent ennuyeux à force de ſoupirs, de cadences preſque toujours chevrotées, de tenues à perte d'haleine, & par le tems qu'eſſoufflés qu'ils ſont, ils mettent à reprendre leur reſpiration.

Le récitatif n'eſt qu'une déclamation notée & embellie, il ne doit point re-

---

(*b*) *Notre Orcheſtre eſt peut-être le ſeul de l'Europe qui éxécute parfaitement les Symphonies. On ne peut rien ajouter à la préciſion, au goût, au ſentiment, avec leſquels il les rend. Tous ceux qui le compoſent ſont Maîtres, pourquoi s'en eſt-il qui poliſſonnent en Ecoliers, le Public s'en aperçoit, & ſouvent l'Acteur en eſt interrompu.*

tarder le ſentiment, & ſon expreſſion. Il faut qu'il ſoit vif, ſerré & naturel. On ne traîne point ſes paroles, on ne ſe repoſe point à chaque mot, on ne crie point en converſant, loin par là de mettre de l'expreſſion dans ce qu'on dit, c'eſt impatienter ou aſſourdir. Je ne connois que *Larrivée* qui débite bien le récitatif, qui entende à le phraſer. Que ne chante-t'il toujours juſte, que n'a-t'il la belle figure de *Chaſſée*, ſon geſte noble & l'ame de Mademoiſelle *Arnoult* ! *Durand* malheureuſement petit, l'égale ſouvent dans ſes beautés : qu'il évite ſes défauts (*c*).

Le récitatif doit non-ſeulement être phraſé & débité, il doit encore être joué, & c'eſt ici le lieu de rendre juſtice à Mademoiſelle *Arnoult*. La foibleſſe de ſa poitrine lui fait rallentir ſon chant il eſt vrai ; mais qu'elle y met d'a-

---

(*c*) Le Gros *cherche la belle maniére de réciter & il la trouvera. Loin de le critiquer, l'on doit être étonné des progrès qu'il a faits. Il a le plus bel organe, il eſt aſſez bien fait, il a de l'intelligence & de l'ardeur, il peut ſurpaſſer ſes prédéceſſeurs.*

Pilot *joue réguliérement : que n'a-t'il de la grace, & une autre voix !*

me & d'expreſſion! c'eſt la nature, c'eſt un modèle qui ne ſe trouve à aucun autre Théâtre. Puiſſe-t'elle ne jamais outrer & ſe ſouvenir qu'il n'eſt permis qu'au Pantomime de changer ſon jeu, parce qu'il ne parle point (*d*).

Le récitatif obligé eſt d'un chant plus travaillé & accompagné par la ſymphonie. Il faut que cette ſymphonie peigne les paroles, ajoute à leur expreſſion, en feſſe un tableau dans lequel leur ſens & le ſujet puiſſent, même ſans elles, être reconnus. On ſe plaint que dans ces morceaux l'accompagnement couvre preſque toujours les voix; que l'on y faſſe attention, preſque toujours c'eſt la faute du chanteur, qui croit rendre le ſentiment en étouffant ſa voix, ou qui crie au lieu de prononcer (*e*).

L'air eſt d'un mouvement vif & ca-

(*d*) Mademoiſelle Durancy *a joué parfaitement dans le ſecond acte de Tancrede. Si elle reſte au Théâtre, comme on le ſouhaite, qu'elle ſe modère, qu'elle ſe ménage de la voix pour les derniers actes, & qu'elle mette dans ſon chant plus de rondeur & de juſteſſe.*

(*e*) *Madame* Larrivée & *Mademoiſelle* Dubois *négligent la prononciation, ſouvent elles changent ou tronquent les mots.*

dencé. Dans nos anciens Opéra les airs sont très-simples & se ressemblent presque tous. Ils sont plus diversifiés & plus composés dans les Opéra modernes. Plus les paroles en sont spirituelles, plus mal elles sont chantées. Il me semble souvent entendre une vieille coquette de comptoir, qui en minaudant, frédonne encore un air, ou une écoliére qui répéte sa leçon, ou un chantre de lutrin qui marque la mesure à coups de mâchoire & de poumons.

L'Arriette étoit inconnue dans nos anciens Opéra. Le Poëte eût dédaigné de faire des vers qui n'eussent eu de mérite qu'autant que les mots LANCE, TRIOMPHE, ENCHAÎNE, s'y fussent rencontrés. Le Musicien n'eût pas cru qu'un quart-d'heure de cadence, ou de roulement sur une sillabe de ces mots, en eût mieux rendu l'expression; deux mesures d'accompagnement lui eussent semblé suffire, pour en peindre le sens. Le reste, loin d'y ajouter, lui eût semblé le contredire; mais cette mode nous est venue d'Italie, elle a plu, l'on en a fait & de très-bonnes, & elles sont très-bien chantées par Mademoiselle *Larrivée & le Gros*; néanmoins la première y met quelquefois trop d'indifférence & de volubilité. Je crois que l'on a assez fait d'Arriettes sur les mots, Vole, Enchaîne, &c. ces mots sont assez peints musicalement, on ne doit point presenter sans cesse les mêmes images. Que nos Poëtes en fournissent d'autres à nos Musiciens. La belle Arriette que celle dont chaque vers seulement de sens commun, offriroit une image qui pût contraster avec les suivantes.

Presque tous nos Chœurs sont harmonieux, & font effet; les plus beaux sont ceux où le Poëte a donné au Musicien des objets à peindre, tel que le Chœur de *brillant Soleil*, de l'acte des *Incas*, & celui *dans le sein de Thétis*, de l'acte *des fleurs* (*f*). On les fait trop crier, c'est de là sans doute que nos Acteurs & Actrices prennent cette habitude.

Il est passé en usage de mal parler de la Musique Françoise, & d'élever jusqu'aux nuës la Musique Italienne. Cet usage ne m'a point séduit, sur tout quand j'ai vû M. *Rousseau*, & ses partisans, pour apuyer leur critique, pren-

(*f*) *Le dernier n'a jamais été assez aplaudi.*

dre leurs éxemples dans *Lully*, & jamais dans *Rameau*. J'ai cru que pour juger avec impartialité, il eût fallu comparer *Lully* aux Musiciens de son tems, & non à ceux qui sont venus cinquante ans après lui, mais qu'eût-on trouvé? que *Lully* valoit peut être mieux que tous les Musiciens Italiens de son tems; que si depuis la Musique Italienne a fait des progrès, elle les a peut-être dûs aux découvertes faites en 1720. par le grand *Rameau*. On eût trouvé que malgré ses progrès, il est encore des parties dans lesquelles elle n'égale, n'aproche même pas de la Musique Françoise. Je l'ai dit, la Musique est l'art de peindre par les sons; ainsi, pour juger de la préférence que l'on doit donner à l'une ou à l'autre Musique, je demande laquelle fait plus image, laquelle est plus pittoresque? On me répond: la Musique Italienne; mais quand je demande des symphonies qui égalent le bruit d'armes de *Dardanus*, & de *Castor & Pollux*, la descente de *Diane*, & la tempête d'*Hyppolite & Aricie*, l'ouverture & le souffle ou l'impulsion de l'esprit qui anime une statue dans *Pigmalion*, l'ouverture & la destruction d'un Palais dans *Zaïs*, le frémissement des feuilles de la Forêt de Dodone dans *Issé*, le soulévement des eaux du fleuve & l'empire de la Musique sur les hommes dans *les Talens lyriques*, la fougue, la fureur & le délire des Bacchantes dans *Enée & Lavinie*, &c. symphonies où l'objet est si bien peint, si fortement, si hardiment rendu : quand, dis-je, je demande des symphonies Italiennes, égales à celles ci-dessus, où l'on garde le silence : & c'est le mieux ; où l'on soutient qu'il y en a, & l'on en impose. J'ai toujours défié les plus grands Partisans de la Musique Italienne de m'en faire entendre, & mon défi n'a jamais été accepté. Ce sont-là néanmoins les grands Tableaux de la Musique : c'est par eux que l'on doit juger le Musicien ; tout y est à lui ; ni Poëte, ni chanteur, ne peuvent prétendre au succès : plus les objets sont grands, plus il faut de génie & d'imagination pour y atteindre, & plus il y a de gloire à réussir.

Nos airs de danse ont la même supériorité ; quel feu, quel génie, quelle multitude d'expressions pittoresques dans ceux du grand *Rameau* ! Qu'on les aprécient, ils charment jusqu'aux Italiens.

Voilà deux grandes parties de la

Musique

Musique dans lesquelles je le dis affirmativement ; nous l'emportons.

Je passe au récitatif ; celui des Italiens les ennuye, ils n'ont pas la patience de l'entendre, il est insuportable pour beaucoup d'étrangers. Pour nous, nous écoutons le nôtre, & souvent il nous fait plaisir ; quand il ennuye, c'est presque toujours la faute ou du chanteur qui le rend mal, ou du sujet qui n'est pas intéressant.

A l'égard du récitatif obligé, je conviens qu'il y en a d'admirables, dans les Opéra Italiens ; je conviens qu'il y en avoit très-peu dans nos Opéra anciens. (*g*) Mais notre richesse dans ce genre augmente tous les jours, il en est de Rameau, qui égalent les plus beaux des Italiens, & l'on n'a l'avantage sur nous que par le nombre.

En Arriettes, les Italiens ont le mérite de l'invention ; nous leur devons ce genre de Musique, reste à sçavoir si dans leurs Opéra, ces Arriettes sont beauté ou défaut, les paroles étant souvent à contre-sens de la scène qu'elles

---

(*g*) *J'excepte néanmoins celui d'Armide*, Plus j'observe ces lieux.

coupent ou terminent ; & l'air à contre-ſens des paroles.

Nous autres François, nous voulons que toutes paroles ſoient analogues au ſujet, que toute Muſique ſoit analogue aux paroles. Toute beauté, diſons-nous, qui rompt l'enſemble, devient un défaut. Nous voulons que la Muſique des ſcènes en hâte & échauffe l'action, loin de la retarder, que l'Acteur agiſſe au lieu de ſe complaire à faire briller ou ſa voix, ou le talent du Muſicien : nous ne pourrions ſouffrir un air gai dans le milieu ou à la fin d'une ſcène pathétique, en conſéquence nous plaçons les Ariettes dans nos divertiſſemens.

Les Italiens dans leurs Opéra n'ont point de Chœurs, c'eſt une beauté de plus dans les nôtres.

Ainſi quatre parties dans leſquelles notre Muſique l'emporte ſur celle des Italiens (*h*) ; ne l'égalons-nous pas à preſent dans les deux autres ?

L'on me vante extraordinairement les Compoſiteurs Italiens : qu'elle aſſurance puis-je avoir du mérite d'un Muſicien,

---

(*h*) *Sçavoir les grandes ſymphonies, les airs de Ballet, le récitatif ſimple, & les chœurs,* dans un pays où tous se pillent, s'approprient les airs des autres, les changent, les corrigent, & ensuite les font paroître sous leur nom? Il n'en est pas de même de nos Musiciens François, ils auroient honte d'être Plagiaires, ils ne pourroient l'être sans être découverts : aussi leur mérite est-il réel, & leur gloire pure, sans nuages ni soupçons.

BALLETS.

LEs Ballets sont la partie la plus brillante de nos Opéra, celle dont le public a toujours été satisfait, celle enfin qui est presqu'échapée à la critique : ils sont très-bien dessinés par *Lany*; je ne sçais néanmoins s'ils ne deviennent pas trop nombreux : Je vois quelquefois au lieu de danse une foule assez confuse, partir sans ensemble, figurer en marchant, & n'avoir pas même l'intelligence de conserver l'alignement. Des entrées aussi mal ordonnées ou aussi mal éxécutées, sont rares; il en est cependant, & il est bon de le remarquer pour que l'on s'en corrige. Que l'on soit moins facile à recevoir des Danseuses, que l'on en diminue le nombre, que toutes sachent faire des pas de danse, les Ballets n'en seront que mieux figurés.

La danse se divise en danse héroïque & danse de caractére. Le grand *Dupré*, Danseur unique, dont les Successeurs semblent avoir renoncé à saisir le genre, & à chercher la perfection pensoit avec ses contemporains, qu'un Ballet héroïque devoit representer les plus grands Seigneurs d'une Cour magnifique dansant devant leur Roi; une danse terre à terre, mais vive, legére, aisée & réguliére en tout : des contours de bras, de positions nobles & majestueules, leur sembloient plus propres à caractériser leurs rôles que ces élévations forcées auxquelles on ne parvient que par des élans de bras convulsifs, suivis ordinairement de déhanchemens, de jets de jambes en lignes croches, qui brisent l'aplomb que tout corps debout doit conserver, quelque position qu'il prenne. La vraie grandeur, la vraie noblesse est aisée, & tout effort marque la foiblesse. Ils eussent été indignés de voir un Guerrier dansant au son des timballes & des trompettes, pirrouetter en tôton, s'arrêter, tendre les bras aux loges, figurer des palpitemens lascifs de cœur par des gonflemens & abattemens successifs de poitrine ; & affecter tous les lubriques contours de corps d'un suranné blondin de Cythére. Ils n'eussent pu voir ces prétendus Poëmes en Ballet grimacé par des groupes d'hommes & de femmes, grotesques de taille & de figure, denués d'oreilles, dansans des bras & remuans les jambes en disloqués, ou en véritables marionnettes.

Ils renvoyoient les sauts à la danse de caractére, pas de Démons, de Vents, de Pastres, de Matelots, &c. Mais toujours de l'aisance & de la legéreté ; ils vouloient que le Danseur retombât sans être entendu, & non qu'il fît des chûtes pesantes, au point de faire ployer les apuis du Théâtre ; enfin ils vouloient qu'on laissât aux Sauteurs de Foires quelques parties par lesquelles ils pussent se distinguer.

Reste à juger si depuis eux le beau genre a déchu. Je soupçonne que la belle danse est devenue plus brillante, mais moins noble & moins réguliére.

Mademoiselle *Lany* met dans sa danse toute la legéreté, la précision, & la noblesse possible ; elle est la premiére

Danſeuſe de l'Europe, elle ſeule eſt non-ſeulement reſpectée, mais même louée par la danſe ancienne, & c'eſt beaucoup.

Veſtris eſt admirable, non-ſeulement dans le genre de ſon maître, mais encore dans celui qu'il s'eſt fait. Pourquoi veut-il ſauter ? Pourquoi tendre plutôt aux graces minaudiéres d'une femme, qu'aux graces nobles & Majeſtueuſes dont il a vu le parfait modèle dans le grand *Dupré* ?

Gardel ſçait très-bien la danſe, deſſine parfaitement ſes entrées, a de la grace & de l'aplomb : pourquoi veut-il tout imiter ? Pourquoi ne pas chercher à mettre le fini dans les beaux pas qui lui ſont les plus faciles ?

Lany eſt de l'ancienne danſe, il ſurprend par la préciſion & la netteté qu'il met dans ſes pas.

Je ne puis mieux dire de d'*Auberval*, que toutes les fois qu'il ſera bien placé, ni le tems paſſé ni le tems preſent n'auront rien à lui comparer.

Mademoiſſelle *Allard* ſurpaſſe Mademoiſelle *Lany* en vivacité ; mais elle ne pourra parvenir à l'égaler, qu'en cherchant ſa préciſion.

Mademioſelle *Guimard* eſt la poupée

la plus jolie & la plus gracieuse que l'on puisse voir danser.

Il est d'autres Danseurs & Danseuses d'un second ordre qui seroient du premier chez l'Etranger ; mais en les comparant à ceux ci-dessus, je leur trouverois trop de défauts.

MACHINES.

LE bas Comique attire le peuple aux Comédies & les machines à l'Opéra : on ne doit point les négliger, mais au contraire travailler à les rendre de plus en plus étonnantes. Je ne crois pas que cette partie ait beaucoup acquis depuis l'institution de l'Opéra. On n'a point assez cherché à cacher les causes. C'est un Dieu qui descend, je vois toujours les cordes auxquelles son char est suspendu : elles pourroient être couvertes de toiles peintes representans ses attributs. Par exemple, c'est Vénus ; n'est-elle pas environnée de groupes d'amours qui planent dans les airs qui suportent son char, &c. ?

Les décorations, non-seulement attirent le peuple, mais même l'homme de goût. Tel Opéra leur a dû son succès. Elles sont actuellemement plus brillantes & mieux dessinées qu'elles n'ont jamais été. Je suis fâché pour l'honneur de M. Rousseau, de l'humeur avec laquelle il en a parlé. Il en est qui sont des chefs-d'œuvres, si on les compare à des paravents ou à des lambaux de toile servans d'étalage à un dégraisseur; si on ne leur trouve point d'autre mérite, l'on pourra comparer le plus bel ouvrage imprimé à des morceaux de papier mouchetés d'encre.

L'Opéra François est supérieur à l'Opéra Italien. Il a comme lui, de beaux récitatifs obligés, des airs, des Arriettes; il a de plus un récitatif simple qui se fait entendre, des symphonies sublimes, de beaux Poëmes, des Ballets liés à l'action, des Chœurs & des Machines.

Il n'est point éxempt de défauts, il en a; mais le plus grand de tous, est d'être mal dirigé. Il prend le titre pompeux d'Académie Royale de Musique. Quelle Académie! en quoi consiste t'elle? En une troupe de gens à talens, réduits à être aux gages de Fermiers-Directeurs, auxquels ils sacrifient leur liberté; aux volontés, aux caprices desquels ils sont soumis; faisant partie de la ferme, recevant un modique salaire qu'ils n'obtiennent qu'après nombre de demandes & de refus, faisant valoir une entreprise, & n'ayant aucune part aux profits, & enfin découragés en voyant sur un autre Théâtre de foibles talens plus aplaudis, & mieux récompensés.

Le spectacle de l'Opéra étant toujours noble & majestueux, l'état d'Acteur y devroit être plus relevé qu'aux autres théâtres ; cependant c'est le contraire. Le Comédien françois jouit d'un état plus honnête, il a son hôtel & son théâtre avec un fond de décorations & d'habits. (*i*) Il obéit à ses camarades & à lui-même, il participe aux profits, il ne voit point le prix de son travail passer dans des mains souvent inconnues.

(*k*) Il ne se voit point tout enlever & souvent jusqu'à l'honneur du succès. (*l*) Je ne crains point que la

---

(*i*) *A l'Opéra les fonds apartiennent aux Directeurs. Quand ils quittent on en fait une estimation, le montant de laquelle leur doit être remboursé ; ainsi l'Opéra n'a jamais rien, quoique tout provienne de ce qu'il raporte.*

(*k*) *On prétend que l'Opéra ne raporte rien : Que l'on est bon de le croire !*

(*l*) *Qu'un Opéra réussisse, c'est par l'intelli-*

dissipation, l'emploi des revenus à des choses étrangéres, n'occasionnent un jour la suspension de son salaire, ou de la modique pension à lui accordée pour substanter sa veillesse, & ordinairement si bien méritée. Il n'a point non plus à se plaindre de l'administration, puisqu'il y participe.

Indépendamment de ce que la direction à ferme avilit l'Acteur, ôte l'émulation & réduit l'Opéra à n'avoir aucuns fonds, ce spectacle devient celui où la protection occasionne le plus de passe-droits & d'injustices; celui dont les droits sont les plus mal défendus. Des Directeurs par bail, enviés, peu considérés, & au mérite desquels souvent on ne croit point, qui ne se soutiennent eux-mêmes que par protection, n'ont ni assez de crédit pour résister, ni assez de pouvoir pour se défendre. (*m*) De là vient encore l'épargne, on paye mal les Auteurs,

---

gence des Directeurs. S'il tombe, c'est toujours par la faute des Acteurs.

(*m*) *L'Opéra ne peut que se louer des Bontés de M. le Comte de S. Florentin, il aime la régle, & il la soutient de tout son pouvoir: que n'a-t'il toujours eu l'Opéra dans son département!*

en conséquence point d'Opéra nouveaux : on use les anciens & on éloigne un public qui ne cherche que la nouveauté. On paye le moins que l'on peut les Acteurs, on craint d'en trop avoir, on ne fait point d'éléves, (*n*) ou l'on n'a que de mauvais maîtres, parce qu'ils coûtent moins ; enfin l'on ne cherche qu'à gagner, qu'à remplir le tems de son Bail, sans pourvoir au tems à venir. (*o*)

L'Opéra, par la faute de ses Directeurs, a laissé s'élever contre lui un ennemi dont tous les succès auroient dû tourner à son profit : c'est l'Opéra Comique.

L'Opéra avoit seul le privilége de donner des piéces en musique ; pourquoi avoir dédaigné d'user de ce privilége dans toutes ses parties ? Le public a pris goût aux Vaudevilles, il ne falloit point aban-

---

(*n*) *Que l'on me cite quelqu'un de passable que l'on puisse dire avoir été depuis dix ans formé par les Maîtres de l'Opéra. Mademoiselle* Arnoult *n'a dû qu'à elle son talent : on a apris la Musique à* Larrivée ; *mais pourquoi ne chante-t'il pas comme* Gelin ? *C'est que le goût, & non les Maîtres, lui a indiqué une autre route.*

(*o*) *L'Opéra a été mieux, & plus mal dirigé qu'il ne l'est actuellement.*

donner à d'autres le ſoin de l'en amuſer; il falloit être les premiers à établir un Théâtre, où on lui eût offert ce plaiſir : j'euſſe même permis aux Auteurs de plaiſanter, de parodier les propriétaires du privilege. J'euſſe fait de même pour l'Opéra comique actuel. J'aurois fait ſuccéder aux bouffons Italiens, des bouffons François; mais ni les uns ni les autres n'euſſent monté ſur le grand Théâtre, de peur d'en altérer la nobleſſe. Le public ſans doute m'eût ſçu gré de mes ſoins, & eût alors ſecondé mes efforts, pour défendre en tout mon privilége, & faire interdire aux Comédiens Italiens toute eſpéce de muſique.

Que nous ſommes bons aux étrangers! Six Comédiens ou Bâteleurs Italiens font déſerter leur ſalle à tout Spectateur par leurs froides & ennuyeuſes parades qu'ils nomment Comédies. La pitié nous ſaiſit; au lieu de les renvoyer nous les retenons, nous leur ſacrifions tous les droits de nos Spectacles nationnaux, piéces Françoiſes, Héroïques & Comiques, Muſiques de tous genres, Orcheſtre nombreux, Ballets, Machines, Décorations, nous leur permettons tout. Verrons-nous donc toujours ſans indignation,

gnation, des Arlequins & des Pantalons, dont les rivaux paradent aux Boulevards, dont les piéces sont aussi monstrueuses que leurs Masques, s'enrichir au préjudice de nos meilleurs Chanteurs & Acteurs. Nous laissons périr la bonne Comédie ; à peine pouvons-nous encourager par quelques legers aplaudissemens les essais d'un jeune Auteur dans ce genre, & nous apellons de l'Italie *Goldoni*, nous lui payons six mille livres par an pour nous donner quelques Cannevas de piéces à intrigues sans régularité & sans caractéres. Nos Acteurs de l'Opéra Comique ne se lasseront-ils point d'engraisser ces oisifs étrangers ? ne se fatigueront-ils point d'enrichir ces ingrats qui se disent leurs Peres, qui les traitent de nouveaux instruits, qu'ils ont honorés en les admettant à leur Théâtre ?

La peinture a ses Ténieres comme ses Raphaëls, toute notre musique étoit Héroïque, nous en avons de comique, c'étoit un genre qui nous manquoit ; ainsi loin de gêner l'Opéra Comique, on doit l'encourager, faire ensorte que les Poëtes mettent plus de sens & de régularité dans leurs Poëmes, que les Musiciens deviennent de plus en plus bons

Peintres, qu'ils nous trouvent des chants nouveaux, qu'ils en empruntent même des Italiens & des Allemands ; mais qu'ils respectent nos symphonies d'Opéra. Que les Acteurs continuent à mettre de la précision dans leur chant, du naturel dans l'expression, & du Comique dans leur jeu, mais qu'ils perdent l'habitude de charger en Farceurs Italiens, & que l'on tâche de leur faire succéder de plus belles voix.

Mais pour un plaisir peu relevé, peut-être passager, nous ne devons point laisser tomber le plus noble de nos Spectacles, l'Opéra ; le plus régulier, la Comédie Françoise. Ils ne doivent point être sacrifiés à la frivolité. L'Opéra est le Spectacle qui éxige le plus de talens dans ses Acteurs, ils doivent avoir ceux du Comédien François, sçavoir en outre parfaitement la musique, & avoir le plus bel organe. L'on sçait combien ils sont rares & quelle difficulté l'on a à les former. Ils devroient par conséquent être les mieux récompensés, sinon voyant de foibles talens, de minces Musiciens à voix grêles & fêlées, s'enrichir à l'Opéra Comique ils deserteront le grand Théâtre pour passer au moins noble, préférant le grand profit au mince honneur.

L'Opéra est le plus dispendieux de nos spectacles, par le nombre des symphonistes, Acteurs, Danseurs & Pensionnaires ; par la beauté & le nombre des décorations & des habits, par les Machines & le nombre d'ouvriers, & par l'illumination considérable qu'il éxige. Il est le moins nombreux en spectateurs, cela doit être ; il est toujours noble & héroïque, toujours sérieux, & le grand nombre aime à rire. Il étoit sûr autrefois des Amateurs de Musique ; mais l'Opéra Comique actuel lui enléve une partie ; il a donc besoin du secours, & on ne peut les lui refuser. Si le siécle de Louis XIV. se fait gloire de son institution, sa chûte seroit une honte pour le siécle dans lequel elle arriveroit. Les arts ne produiroient rien de noble, si on laissoit au peuple le soin de payer leurs ouvrages. Le Comique seul auroit la foule ; il faut donc soutenir l'Opéra comme l'on soutient le beau dans tous les arts, en faisant contribuer le genre inférieur au payement du genre supérieur (*p*). En

---

(*p*) *Par exemple, dans les Belles-Lettres, le produit de la vente des Mercure, Journaux, Gazettes, & autres minces productions, n'est*

conséquence voici un Projet que je soumets au jugement du Public.

LE ROI sera suplié d'établir une Académie Royale de Musique & d'en être le Protecteur.

Il sera suplié de permettre que la Ville de Paris en soit la Sous-Protectrice.

L'Académie sera divisée en deux classes.

La premiére classe sera composée de bons Compositeurs de Musique en tous genres, de ceux qui auront écrit sur la Musique, comme *M. d'Alembert*, & de ceux qui auront composé de bons Opéra, comme *M. Bernard & Marmontel*, le tout au nombre de seize, lesquels auront seuls le titre d'Académiciens. (*q*).

On associera à cette Classe les bons

pas laissé à leurs auteurs ; ils seroient trop payés : on accorde sur ce produit des pensions aux Ecrivains d'un genre plus noble & qui éxige de vrais talens.

(*q*) *M.* Rebel *est digne à tous égards de l'estime & de la considération dont il jouit, sur tout chez les gens honnêtes : on ne pourroit mieux choisir que lui pour présider l'Académie.*

Que M. Francœur *ne soit point jaloux de cet éloge ; il est son inséparable... ami.*

Compositeurs étrangers, à la charge par eux de gratifier l'Académie de leurs Ouvrages.

L'on y admettra des associés libres, & on aura soin de choisir de véritables amateurs de Musique, & ceux que l'on remarquera être les plus assidus, soit aux Representations, soit aux Concerts que l'Académie donnera.

Les associés libres ne pourront prétendre leurs entrées, ni à l'Opéra, ni à l'Opéra Comique, ni aux Concerts.

La seconde classe sera composée des meilleurs Acteurs & Actrices de l'Opéra & de l'Opéra Comique, au nombre de dix-huit, dont quatorze de l'Opéra, & quatre de l'Opéra Comique. (*k*)

L'Opéra Comique sera réuni à l'Opéra ; il continuera néanmoins de representer sur le Théâtre qu'il occupe actuellement.

La Comédie Italienne sera suprimée,

(*k*) *Le nombre de quatorze ne pourra ; quant à present, être rempli à l'Opéra, faute de sujets : je ne connois que* Gelin, Larrivée, Pilot, le Gros, Durand *& les Demoiselles* Chevalier, Larrivée, Arnoult, Dubois *qui puissent y être reçus.*

& il sera accordé des pensions aux Acteurs & Actrices qui la composent ; néanmoins si la Cour ou le Public désire qu'elle soit conservée, l'Académie sera tenue d'apointer cinq ou six Acteurs & Actrices de ce genre pour representer des piéces Italiennes seulement.

Les piéces Françoises du Théâtre Italien apartiendront aux Comédiens François.

Les Académiciens s'assembleront une fois par semaine.

Il y aura tous les mois une Assemblée extraordinaire, à laquelle tous les associés pourront assister.

L'Opéra, & l'Opéra Comique seront dirigés par trois Directeurs, deux d'esquels seront Académiciens ou associés.

Ils seront élus dans une assemblée générale (*s*).

Tous les Acteurs & Actrices seront tenus de leur obéir ; ils pourront être renvoyés par eux, excepté ceux & cel-

---

(*s*) *On évitera de nommer ceux qui seroient capables d'avoir des intrigues, soit avec les Actrices, soit avec des filles publiques ; ils seront actifs & chercheront à satisfaire le goût du public, qui est la diversité & la nouveauté.*

qui composeront la seconde classe, qui ne pourront l'être que par délibération de l'Académie.

Les Directeurs seront confirmés ou chargés tous les trois ans.

L'Académie aura un Secrétaire pour écrire & diriger ses délibérations.

Elle nommera un Caissier Général pour recevoir tous les revenus de l'Opéra & de l'Opéra Comique. Il donnera caution.

Il presentera tous les mois un bordereau de la recette & de la dépense, de l'état de la caisse & des sommes à recouvrer.

Tous les employés, tant à l'Opéra, qu'à l'Opéra Comique, Directeurs, Acteurs, Actrices, Danseurs, Danseuses, Symphonistes, Machinistes, Commis, &c. seront apointés.

Les apointemens seront fixés par les Directeurs, & ceux des Directeurs le seront par l'Académie.

Il sera tenu à la fin de chaque année une assemblée générale.

Le Caissier y rendra le compte général de la recette & de la dépense faite pendant l'année.

Moitié du reliquat sera déposée dans

la caiſſe pour reſter jusqu'à la fin de l'année ſuivante.

L'autre moitié ſera employée à donner des gratifications aux Acteurs & Actrices, à chacun ſuivant leur zèle & leur mérite.

L'Académie payera aux Directeurs actuels, ou à ceux auxquels ils prêtent leurs noms, les intérêts des fonds qui leurs apartiennent dans l'Opéra. (*t*).

Il ſera tous les ans remboursé portion deſdits fonds, laquelle ſera au moins de dix mille livres, & ſera augmentée ſuivant les profits, par l'avis des Académiciens, auquel avis il ſera obéi.

Les Académiciens nommeront quatre d'entr'eux pour examiner les Poëmes qui ſeront preſentés pour être mis en muſique.

Ils les liront s'ils les en jugent dignes dans une aſſemblée particuliére.

S'ils ſont reçus, il ſera ſur le champ payé à l'Auteur; ſçavoir, pour un Opéra

---

(*t*) *Ce n'eſt point l'apas du gain qui a conduit ces Meſſieurs; ce n'a été que leur amour pour l'Opéra, ainſi, ils ſe prêteront avec plaiſir à cet arrangement.*

en un acte 300 liv. pour un Opéra en trois actes 600 liv. Et pour un Opéra en cinq actes 1000 liv. (*u*)

Les paroles seront ensuite remises à un Compositeur Académicien ou autre pour être par lui mis en musique.

Il sera pareillement nommé quatre Académiciens pour éxaminer la musique des Opéra nouveaux, & en cas qu'elle soit reçue, il sera payé au Compositeur le double des sommes qui auront été payés au Poëte.

Il en sera de même pour les paroles & la musique des Opéra Comiques, excepté que la rétribution sera moindre de moitié.

Par le payement des sommes, le Poëme & la musique apartiendront à l'Académie.

L'on accordera en outre au Poëte & au Musicien une somme quelconque par chaque representation de leur ouvrage.

Les Académiciens nommeront l'été

(*u*) *Les auteurs refusent de travailler pour un spectacle qui paye mal, qui éxécute mal, & où l'on est obligé de faire sa Cour à de minces talens, pour n'être pas entiérement rejetté.*

les Opéra qui devront être donnés l'hiver, & l'hiver ceux qui devront être donnés l'été (*x*).

Ils délibéreront sur les changemens qu'il conviendra faire aux paroles & à la musique des Opéra anciens; ils choisiront à cet effet un Poëte & un Musicien, & ils pourvoiront à leur récompense.

L'Académie nommera tous les ans de bons maîtres, tant pour la musique que pour le goût du chant & le jeu (*y*).

Ils donneront leçon tous les matins, & il leur sera accordé de bons apointemens.

Le Maître de goût aura soin d'expliquer aux Acteurs leurs rôles, & de leur donner l'idée & le dessein du jeu.

Les Eleves seront choisis par les Directeurs & par les Maîtres (*z*).

(*x*.) *On changera plus souvent d'Opéra, surtout on ne s'obstinera point à donner pendant deux mois un Opéra qui aura déplu.*

(*y*) *Qu'ils aient du goût, du sentiment & des mœurs.*

(*z*) *Que l'on évite de prendre des têtes dénuées d'intelligence; il seroit impossible d'en rien faire quelques belles qu'elles fussent, quelque surprenante que fût la voix.*

L'Académie donnera Concert toutes les semaines ; sçavoir, l'hiver le mercredi, & l'été le jeudi.

Comme ce Concert ne sera donné que pour former les Eleves, Messieurs les Symphonistes, Académiciens, Amateurs & autres, seront priés d'y jouer gratuitement.

Il n'y aura que les Abonnés qui pourront y entrer.

Il sera payé par chaque Abonné 72 livres par an, & il aura, outre son entrée personnelle, deux billets pour ses amis.

Le produit de ces abonnemens apartiendra ; sçavoir, un tiers aux Maîtres, & le surplus aux Eleves, chacun à raison de leurs talens.

On ne pourra éxécuter au Concert aucunes symphonies de l'Opéra, & il n'y aura que les Eleves qui pourront y chanter.

Les Symphonistes qui feront le plaisir à l'Académie de jouer au Concert, auront ; sçavoir, ceux qui se feront entendre seuls, deux billets, & les autres un.

L'Académie fera valoir par elle-même le Concert Spirituel, & elle supliera le Roi de lui accorder une salle pour ce Concert, & pour celui de chaque semaine, soit au Louvre, soit aux Tuileries, ſans qu'elle ſoit tenue de payer aucunes ſommes aux Gouverneur & Concierge.

La diſtribution des rôles ſera faite par les Dire ćteurs, de l'avis des Académiciens.

Après les premiéres Repreſentations d'un Opéra, les premiers Acteurs ſeront tenus de laiſſer eſſayer leurs rôles par leurs doubles & de les leur abandonner entiérement, dans le cas où le Public paroîtra le deſirer.

L'Opéra Comique fermera ſon Théâtre les Mardi & Vendredi de chaque ſemaine, ou on n'y repreſentera que des piéces Italiennes.

Chaque Lundi il ſera fait par les Directeurs & principaux Acteurs, un répertoire des Opéra Comiques qui ſeront donnés dans la ſemaine.

L'Orcheſtre de l'Opéra Comique ne pourra éxécuter aucune ſymphonie de l'Opéra, &c.

PRIVILEGES,

Dans lesquels le Roi sera suplié de conserver l'Académie, ou qu'il sera suplié de lui accorder.

L'Académie aura seule le droit de faire representer en Musique des Piéces Tragiques, Héroïques & Comiques, & de donner des Ballets & des Concerts.

Elle aura seule le droit de donner des Bals publics, tant dans Paris qu'aux environs.

Nul Traiteur, si ce n'est pour noces, Limonnadiers & autres ne pourront permettre chez eux de danses ou Concerts, sans en avoir obtenu la permission de l'Académie.

Nul ne pourra enseigner dans Paris la Musique, soit vocale, soit instrumentale, sans avoir été examiné & enregistré à l'Académie, laquelle nommera à cet effet deux Académiciens.

Nul ne pourra jouer des Instrumens aux bals, noces & fêtes publiques & particuliéres, en en recevant salaire, s'il n'est enregistré à l'Académie.

Il sera payé pour chaque enregistrement six livres, & il sera renouvellé tous les ans; à l'effet de quoi il sera fait chaque année un apel, tant desdits Maîtres, que desdits Joueurs d'instrumens.

La Comédie Françoise continuera de donner des Balets ; mais défense lui sera faite de faire exécuter par son Orchestre les symphonies de l'Opéra.

Le nombre de ses Symphonistes & danseurs sera fixé au nombre actuel.

Ils seront tenus de se faire enregistrer à l'Académie, lequel enregistrement sera fait gratuitement.

Aucun Spectacle ne pourra s'établir dans Paris, aux Foires ou ailleurs sans une permission de l'Académie.

Cette permission ne leur sera accordée qu'à la charge par eux de payer à l'Académie moitié de ce qu'ils payeront aux Hopitaux pour le quart des pauvres.

Les sommes qui proviendront de ce droit seront partagées entre l'Académie & la Comédie Françoise.

L'Académie aura seule le Privilége d'établir dans les Provinces de grands Opéra & des Opéra Comiques.

Nul ne pourra y en établir sans sa permission, pour laquelle il sera payé une somme modique, cette somme ne pourra excéder 1000. livres pour les plus grandes Villes.

L'Académie de Danse pourra solliciter le Privilége d'examiner & de recevoir les Maîtres de Danse.

FIN.

www.ingramcontent.com/pod-product-compliance
Ingram Content Group UK Ltd.
Pitfield, Milton Keynes, MK11 3LW, UK
UKHW032016260826
14628UKWH00006B/2511

9 782019 133955